D1536899

LE MANIFESTE DE L'EAU
POUR LE XXIe SIÈCLE

RICCARDO PETRELLA

Le manifeste de l'eau pour le XXIᵉ siècle

POUR UN PACTE SOCIAL DE L'EAU

FIDES

Catalogage avant publication de Bibliothèque et Archives nationales du Québec et Bibliothèque et Archives Canada

Petrella, Riccardo

Le manifeste de l'eau pour le XXIᵉ siècle. Pour un pacte social de l'eau
(Les grandes conférences)

ISBN 978-2-7621-2923-6

1. Ressources en eau - Exploitation - Aspect social. 2. Eau - Approvisionnement - Aspect social. I. Titre. II. Collection: Les grandes conférences.

HD1691.P47 2008   333.91'16   C2008-941719-4

Dépôt légal: 3ᵉ trimestre 2008
Bibliothèque et Archives nationales du Québec
© Éditions Fides, 2008

Les Éditions Fides reconnaissent l'aide financière du gouvernement du Canada par l'entremise du Programme d'aide au développement de l'industrie de l'édition (PADIÉ) pour leurs activités d'édition. Les Éditions Fides remercient de leur soutien financier le Conseil des Arts du Canada et la Société de développement des entreprises culturelles du Québec (SODEC). Les Éditions Fides bénéficient du Programme de crédit d'impôt pour l'édition de livres du gouvernement du Québec, géré par la SODEC.

IMPRIMÉ AU CANADA EN SEPTEMBRE 2008

Texte légèrement adapté de la « conférence magistrale » tenue le 7 juillet 2008, à Saragosse, dans le cadre de la quatrième semaine thématique « L'Eau, une ressource unique » de l'Expo 2008 (dont l'eau a d'ailleurs été le thème central) et de la discussion sur le manifeste de l'eau qui a eu lieu le même soir, à l'initiative des responsables de l'Agora de l'Expo.

Introduction

LE MONDE ACTUEL est confronté à quatre crises majeures :

- *la crise de l'eau* (1,5 milliard de personnes n'ont pas accès à de l'eau potable) ;
- *la crise alimentaire* (la flambée des prix de denrées de base telles que le blé et le riz a obligé les médias du monde entier à parler des peuples affamés de la Terre qu'on avait relégués aux oubliettes au profit de la primauté donnée aux « problèmes » de la sécurité des pays et des groupes sociaux riches…) ;
- *la crise énergétique* (elle est de plus en plus violente dans ses manifestations – augmentation vertigineuse du prix du pétrole – et dans ses conséquences pour les économies, les pays et les régions les plus faibles et les plus vulnérables…) ;
- *la crise de la richesse* (on a soutenu que la croissance prédatrice des ressources de la planète était source

de richesse. Les désastres climatiques en cours et à venir ainsi que l'appauvrissement croissant d'une partie de la population mondiale, environ 2,5 à 3 milliards de pauvres absolus, prouvent que cette thèse était fallacieuse).

Il s'agit de crises structurelles de notre système économique mondial (la globalisation de l'économie capitaliste de marché) fondé sur le principe/croyance que la maximisation de la création de valeur pour le capital privé, qui est aujourd'hui surtout de nature financière, est la raison d'être de nos sociétés[1].

Ces crises remontent à la fin des années 1960, début des années 1970, lorsque les structures économiques mises en place dans le monde occidental après la Deuxième Guerre mondiale ont éclaté en morceaux avec la crise financière de 1971-1973 et la première crise énergétique de 1973. En fait, les dirigeants des grandes puissances économiques mondiales occidentales n'ont pas voulu voir et admettre que leurs priorités économiques, technologiques et sociales étaient porteuses de crises structurelles de nos systèmes sociétaux. Ils ont

1. J'ai analysé ce principe/croyance que j'ai appelé TUC (Théologie universelle capitaliste) dans Riccardo Petrella, *Pour une nouvelle narration du monde*, Montréal, Écosociété, 2007. Sur la globalisation, voir aussi mon essai *Les écueils de la mondialisation*, Montréal, Fides, 2001.

au contraire poursuivi leurs avancées en faveur de la croissance de la richesse, une marche insoutenable à tous points de vue. Pourtant, de très nombreux observateurs et groupes sociaux avaient fait noter et souligné le caractère insoutenable de cette voie, même dans les rangs des classes dirigeantes (je pense en particulier au travail du Club de Rome). Pour rien…

Depuis trente ans au moins, le monde est en état de crise, même s'il donne l'impression – en raison de certaines percées scientifiques et technologiques (les dernières étant celles qui sont liées aux technologies de l'information et de la communication) – d'être « en développement ». En réalité, ces années durant, le monde a été le grand incubateur des crises décrites ci-dessus, dont désormais personne ne peut nier l'ampleur ni la gravité.

PREMIÈRE PARTIE

Le pacte social de l'eau

I

L'eau est fondamentalement
une question sociale

L'EAU CONSTITUE, avec l'alimentation, l'énergie et la reconnaissance de « l'autre », *la* grande question sociale de la première moitié du XXIᵉ siècle. Il n'est pas question de hiérarchiser les « problèmes mondiaux » d'aujourd'hui. Il est vrai, néanmoins, que la vie de toute espèce vivante dépend directement du soleil, de l'air, de l'eau et des autres espèces : on peut se passer de la viande de bœuf et des pommes de terre, de même que des spaghetti ; on peut se passer du pétrole (d'ailleurs, il le faut bien) ou de l'or, comme on peut vivre sans un travail rémunéré, sans des euros en banque, sans le GSM et l'auto. Mais jamais on n'a pu et on ne pourra se passer du soleil, de l'air et de l'eau. Il en va de même pour « l'autre » : si un être humain ne peut pas dire « tu », il n'existe pas. Non seulement le soleil, l'air et l'eau sont-ils à la base de la vie, ils sont la vie. C'est pour cela qu'Ovide, un poète latin d'il y a 2000 ans, a pu écrire que Dieu n'a fait ni le soleil, ni l'air, ni l'eau propriété privée...

L'eau devient une « question sociale » dès la naissance d'un groupement humain : le pouvoir de décision en matière de propriété, d'accès et d'usage de l'eau est fondamental. Qui détient et exerce ce pouvoir contrôle l'accès à la vie. De nos jours cependant, il faut être non seulement puissant, mais aussi riche, car comme le montrent les rapports des agences des Nations Unies, et en particulier celui du Programme des Nations Unies pour le développement (PNUD) publié en 2006[1], le 1,5 milliard de personnes qui n'ont pas accès à l'eau potable et les 2,6 milliards qui manquent de services d'hygiène sont dans cette situation non pas à cause d'un manque d'eau dans les régions où elles habitent, mais principalement parce qu'elles sont pauvres.

En outre, bien que l'eau soit vie, elle est désormais traitée comme une ressource/marchandise, un bien économique marchand que l'on peut s'approprier, acheter et vendre, comme on le fait avec le pétrole (ainsi

---

1. PNUD, *Rapport sur le développement humain 2006. Au-delà de la pénurie : pouvoir, pauvreté et crise mondiale de l'eau*, New York, 2006. En édition commerciale par Economica, Paris.

dit-on de l'eau qu'elle est « l'or bleu », par analogie au pétrole, « l'or noir »). Surexploitée et « consommée » principalement en fonction des impératifs de la croissance économique et des intérêts des producteurs, des « consommateurs » et des actionnaires des entreprises d'eau, l'eau pour usage humain est de plus en plus rare et chère. Dès lors, elle est en train de devenir source de conflits et de pratiques sociales opposées aux principes de justice, d'égalité, de fraternité et de sagesse. Bref, la politique de l'eau a dépassé les seuls cadres et choix fixés par la politique environnementale pour devenir partie intégrante de l'ordre du jour politique national et international. La prise de conscience quant aux facteurs de nature anthropique en tant que principale cause du changement climatique a largement contribué à ce glissement.

Sans vouloir simplifier, on peut estimer que si la lutte contre la prétention du capital (agraire, industriel et financier) d'être propriétaire du travail humain et contre la prétention des puissances coloniales du Nord d'être propriétaires de l'Afrique, de l'Amérique centrale, de l'Amérique du Sud et de l'Asie a constitué la grande « question sociale » des XIXe et XXe siècles, le XXIe siècle sera marqué par la question de la vie, du droit à la vie pour tous, de la lutte contre la prétention (pour l'instant gagnante) du capital financier d'être propriétaire de toutes les formes de la vie sur la planète (y compris l'eau)[2]. C'est dans ce contexte que s'inscrit l'eau en tant que question sociale primordiale de cette première partie du siècle.

2. J'ai traité de ces aspects dans une série de quatre articles (« Pour un gouvernement des biens communs ») publiés dans le quotidien italien *Il Manifesto* les 27 et 30 août et les 1er et 3 septembre 2006.

2

Les huit raisons qui font de l'eau la question sociale de cette première partie du XXIᵉ siècle

L A PREMIÈRE RAISON est constituée par less grandes *inégalités* entre êtres humains et communautés territoriales *en ce qui concerne l'accès à l'eau, la quantité et la qualité de l'eau nécessaires à la vie et aux activités productives.* Selon les statistiques officielles – qui sous-estiment la réalité –, le droit à la vie est dénié à plus de 800 millions de personnes qui manquent de nourriture, à 1,5 milliard de personnes qui n'ont pas accès à l'eau potable et à environ 2,6 milliards d'êtres humains qui n'ont pas accès à l'eau pour l'hygiène. Ces inégalités se résument ainsi : 20 % de la population mondiale « consomme » 86 % des ressources hydriques de la planète. Le droit à la vie n'est donc pas garanti de manière égale pour tous.

Actuellement, la communauté internationale ne donne pas l'impression de vouloir prendre les mesures nécessaires pour garantir à tous les habitants de la Terre un accès à l'eau d'ici 2020. Au sommet mondial des Nations Unies tenu à New York en septembre 2000, elle avait décidé que l'ambition maximale qu'elle pouvait nourrir était de réduire de moitié, d'ici 2015, le nombre de personnes n'ayant pas accès à l'eau et aux services sanitaires. On sait, à mi-parcours, que même cet objectif ne sera pas atteint. Par conséquent, il y aura toujours en 2015 plus de deux milliards de personnes, au moins, sans services sanitaires et plus d'un milliard sans accès à l'eau potable.

Tableau 1. *Les huit raisons qui font de l'eau la question sociale mondiale*

- L'eau est vie. L'accès à l'eau potable est dénié à 1,5 milliard de personnes et l'accès à l'eau pour l'hygiène, à 2,6 milliards de personnes.
- La pauvreté (2,8 milliards de personnes en 2007) est la principale raison du non-accès à l'eau.
- Sans changement de tendance, la population des bidonvilles – un habitat inhumain – dépassera les 2,4 milliards de personnes en 2030.
- L'inégalité dans les rapports de pouvoir est à l'origine du non-accès à l'eau pour certains

groupes sociaux, à certains endroits. Question de sécurité hydrique.

- Le régime de propriété de l'eau (bien commun, bien public ou bien privé, bien communautaire, national ou mondial, patrimoine de l'humanité) détermine la valeur sociale et les pratiques sociales de l'eau.
- La politique des usages (domestiques, agricoles, industriels, énergétiques...) conditionne l'utilisation juste, solidaire, efficiente, durable, ou non, de la ressource. La gestion des services hydriques est le reflet des choix entre modes technocratiques et modes démocratiques (avec une réelle participation des citoyens).
- Le futur de l'eau est lié au changement climatique qui, pour sa part, est dû à des facteurs de nature anthropique.
- La solution de la crise mondiale de l'eau passe par la mise en place d'une nouvelle architecture politico-institutionnelle mondiale.

La deuxième raison réside dans le fait que *le non-accès à l'eau n'est pas principalement dû à une question de disponibilité limitée, voire de rareté, des ressources en eau.* Seules quelques dizaines de millions de personnes dans le monde manquent d'eau parce qu'elles vivent dans des régions à forte pénurie d'eau (moins de

500 m^3 d'eau douce par an par habitant pour tous les usages), alors qu'environ 1,4 milliard de personnes *n'ont pas accès à l'eau du fait qu'elles sont pauvres*. Même là où l'eau douce est abondante et disponible, comme dans les pays amazoniens, en Afrique centrale et australe ou en Russie, les pauvres n'y ont pas accès. En revanche, dans le désert le plus profond, les riches parviennent à s'approvisionner en eau. À l'heure actuelle, des régions pauvres en eau, comme les pays de la péninsule arabique, la Californie, Israël et l'archipel des Canaries, sont capables de surmonter les problèmes d'approvisionnement grâce au dessalement de l'eau de mer. Les plus grandes stations de dessalement au monde se trouvent dans ces régions[1] et en Australie. Ces régions sont riches et elles ont les ressources financières pour investir dans les nouvelles technologies et continuer ainsi à irriguer leur agriculture d'exportation, leur industrie nucléaire et leurs industries touristiques, y compris les terrains de golf. L'Espagne est le principal pays européen en termes de production d'eau dessalée et de stations de dessalement (environ 1 000 stations). Les îles Canaries et la Catalogne sont à l'avant-garde, notamment pour faire face aux besoins croissants des terrains de golf, énormes

1. Cf. Ministère de l'Habitat, de l'Urbanisme et de l'Aménagement de l'Espace du Maroc, *Dessalement d'eau*, Dossier informatif, Actes de la rencontre hispano-marocaine de 2006, en collaboration avec le gouvernement espagnol, <www.matee.gov.ma>.

consommateurs d'eau douce. En effet, la Catalogne compte déjà 45 terrains de golf (sur les 290 en fonction en Espagne)[2] et de nombreux autres sont prévus.

Les *processus d'appauvrissement* de la population mondiale et de croissance des inégalités socioéconomiques, loin de diminuer en intensité, n'ont fait qu'augmenter depuis les années 1970, en s'accélérant à partir des années 1990. Les pauvres deviennent plus pauvres et plus nombreux, et les riches deviennent plus riches au détriment des classes sociales moyennes et des pays « moyennement développés » ou qui sont « en voie de développement » (sic) depuis trente ans.

Il faut se rendre à l'évidence. La réalité brutale est simple : l'éradication de la pauvreté et le droit à la vie pour tous ne figurent pas parmi les principales priorités des groupes sociaux dominants du monde (pays du Nord et du Sud confondés). Leurs priorités sont leur puissance, leur richesse, leur compétitivité, leur survie. La tendance des dominants n'est pas de combattre la pauvreté (ou l'injustice) mais de combattre les pauvre. Ainsi

- le dessalement de l'eau de mer est une priorité majeure pour la production agricole destinée à l'exportation et pour les terrains de golf des régions riches du monde où il y a pénurie d'eau ;

2. Voir le site Web sur le golf en Espagne : <www.alquiler-direco.com>.

- au Brésil, l'eau douce utilisée pour la production de soja destinée à l'exportation est surexploitée, alors que plus de 40 millions de Brésiliens « meurent » de faim (rappelons que le Brésil vise à augmenter la production de bioénergie, laquelle nécessite plus de 1 000 litres d'eau douce par litre d'essence produit);
- les profits privés des ventes d'eau minérale et d'eau de source en bouteille (eaux qui sont de propriété publique) dépassent les 50 milliards de dollars par an, à savoir deux fois et demie la somme qui permettrait à 2,6 milliards d'êtres humains d'avoir accès à des latrines publiques;
- les dépenses militaires mondiales pour une année (environ 1 870 milliards de dollars en 2007 sur un produit mondial brut de 63 000 milliards) sont supérieures à ce que l'on devrait dépenser en 10 ans pour permettre à tous les habitants de la planète d'avoir accès à l'eau potable, aux services sanitaires et à la santé de base.

La troisième raison est la suivante : les agences compétentes des Nations Unies prévoient qu'en 2030, 2,4 milliards de personnes habiteront des bidonvilles[3].

3. PNUD, *Rapport sur le développement humain 2007-2008. La lutte contre le changement climatique : un impératif de solidarité humaine dans un monde divisé*, New York, 2008.

En Afrique, en Asie et en Amérique latine – où sont situées 42 des 61 « mégapoles » du monde comptant plus de 5 millions d'habitants – plus d'un milliard d'êtres humains vivent actuellement dans des bidonvilles, dans des conditions de pauvreté structurelle, de violence physique, sociale et morale collective, d'exclusion de tout genre et de déni des conditions minimales d'existence dite « humaine ». Les riches des pays du Nord n'y laisseraient même pas vivre leurs chats. Les bidonvilles, vraies « banlieues » du monde, méritent bien leur appellation. Jadis, les « ban-lieues » étaient le lieu d'extension, en dehors de la ville, de la législation émise (le ban) par le pouvoir politique. À partir du XVIIIe siècle, le mot a changé de signification pour devenir le lieu des personnes « mises au ban », en d'autres mots des personnes qui – industrialisation et urbanisation sauvages aidant – n'étaient pas capables de vivre dans les villes, de se permettre un habitat socialement sain tout en étant modeste. Si bien qu'aujourd'hui, la mise au ban des pauvres dans nos villes et l'abandon des banlieues à leur destin font partie intégrante des choix réels opérés ces trente dernières années par nos classes dirigeantes.

Les habitats qui intéressent les dominants sont les *villes globales* et les *villes compétitives*. Les villes globales sont celles qui, par leur dimension et par la richesse et l'importance de leurs fonctions et activités, constituent d'énormes réseaux mondiaux entre pouvoirs forts capables d'influencer le devenir de l'économie et des populations du monde. Actuellement, elles sont une douzaine seulement à pouvoir se prévaloir d'un tel statut, dont les suivantes : New York, Londres, Tokyo, Shanghai, Paris, Singapour, Los Angeles, Berlin, São Paulo et Francfort. Les villes globales sont l'expression des logiques de puissance et de l'aggravation des inégalités structurelles sur lesquelles se fonde la mondialisation actuelle, à savoir « l'archipel mondial ». Dès lors, ce qui intéresse les groupes dominants des villes « capitales » (nationales et régionales) est de faire entrer leur ville dans le « club des villes globales ». Pour eux, le problème des bidonvilles/banlieues n'est pas une priorité.

Pour les groupes dominants, les biens et services essentiels comme l'eau et la santé, les biens et services collectifs comme les transports publics, les jardins d'enfants, les musées, les universités et les savoirs/connaissances, ainsi que la protection des sols et des villes contre les inondations et les calamités naturelles sont devenus principalement des *patrimoines fonciers et financiers* à privatiser, et dont la gestion doit être confiée à des sociétés privées, voire des sociétés mixtes publiques/privées, ayant comme objectif l'accroissement de la création de valeur pour le capital financier. Il en va de même d'un terrain bâti, d'un pâté de maisons, d'un petit parc, d'un théâtre, d'un hôpital, etc. Tout est traité comme un bien économique qui ne se mesure que par sa valeur « marchande » et financière, et par sa contribution à la compétitivité de la ville.

Pourtant, les germes et les désirs d'autres devenirs des villes sont partout, à Mumbaï comme à Lagos et à Stockholm. Les « architectes » d'un autre devenir n'ont pas disparu. Ils sont à l'œuvre lorsqu'ils ouvrent une école primaire de quartier, lorsqu'ils luttent pour l'emploi des jeunes à Naples ou à Johannesburg, lorsqu'ils implantent des éoliennes ou réalisent un plan systématique de réduction de la consommation énergétique, lorsqu'ils inventent de nouveaux systèmes d'échange local et expérimentent des systèmes agricoles « urbains » distance zéro… Ils sont à l'œuvre, aussi, lorsqu'ils réussissent, comme à Santa Fe, en Argentine, ou à Atlanta, à republiciser la gestion des services hydriques. *Transformer les bidonvilles en habitats dignes digne de la vie humaine, en passant par la transformation radicale de nos villes, sera le grand défi politique et social du monde au cours des générations à venir.* L'eau jouera un rôle essentiel déterminant dans la capacité réelle d'effectuer une telle transformation.

La quatrième raison est liée aux *rapports de pouvoir*. Dans le contexte des rapports de pouvoir actuels, la

sécurité hydrique – à savoir la sécurité en approvisionnement d'eau pour la vie et pour l'existence des collectivités humaines – se traduit essentiellement par la sécurité
en termes d'approvisionnement des groupes économiques
et sociaux forts des pays les plus puissants sur les plans
politique, économique et militaire. Aujourd'hui, face aux
conséquences négatives du changement climatique sur
la disponibilité quantitative et qualitative d'eau douce
(je reviendrai sur ce thème à la septième raison), les sujets
les plus concernés et « préoccupés » par les questions de
la sécurité hydrique sont, d'une part, les entreprises
multinationales privées grandes consommatrices d'eau
telles que Coca-Cola, Danone, Nestlé, Unilever, General
Electric, Levi Strauss, les papetiers, les industries chimi-
ques... et, d'autre part, des pays puissants comme les États-
Unis, Israël, la France, la Chine, la Russie, l'Inde, le
Brésil...

Le concept de sécurité hydrique est de facto un
concept biaisé défini et mesuré surtout en fonction de
la sécurité agricole, alimentaire, économique et militaire des groupes sociaux les plus puissants. L'utilisation toujours plus grande de la technique du dessalement
de l'eau de mer s'inscrit dans cette perspective de sécurité. Passer à une conception et à une application
concrète d'une *sécurité hydrique collective, pour tous*,
représente l'un des défis sociaux et politiques majeurs
à résoudre au cours des 30 à 40 prochaines années.

Les cinquième et sixième raisons, indissociables, constituent *l'élément central* de la manière de voir et de poser l'eau en tant que « question sociale ». Je me réfère, d'une part, au problème de la propriété de l'eau et, d'autre part, au problème du financement, de la gestion et du contrôle des usages de l'eau et des services hydriques de base (eau potable et assainissement).

Voici les principales conceptions prédominantes, à l'heure actuelle, en matière de *propriété de l'eau* :

- l'eau est un don de la nature (sociétés paysannes...), un don de Dieu (mondes chrétien, musulman...), elle appartient à tout le monde, elle est un bien commun, tout le monde doit pouvoir accéder à l'eau, l'eau est un patrimoine de l'humanité... ;
- l'eau en tant que ressource naturelle (la pluie, l'eau des fleuves et des lacs, celle des nappes...) est un bien commun. Cependant, dès qu'il y a intervention humaine pour transformer l'eau naturelle en eau potable ou utilisable pour l'industrie, pour les hôpitaux ou pour l'agriculture, l'eau devient un bien économique appropriable, vendable et utilisable à titre privé ;
- l'eau appartient à la communauté de base (thèse des populations des villages de l'Inde, des régions amazoniennes, des villages d'Afrique, des populations autochtones du Grand Nord américain et canadien) ;

- l'eau est la vie, l'eau n'appartient pas aux humains mais les humains appartiennent à l'eau (conception répandue au sein de toutes les populations « indigènes » du monde) ;
- l'eau est une ressource, un bien de la « nation » (constitution de la France), un bien commun national, un bien public de l'État, voire « un bien commun de la communauté régionale » – l'eau *en* Lucanie (Italie) est l'eau *de* la Lucanie…) ;
- l'eau est un bien commun, public, mondial, universel, un patrimoine de l'humanité dont elle doit faire usage dans le respect et la sauvegarde de la vie sur la planète, pour les générations futures et toutes les espèces vivantes.

Comme on peut le constater, les conceptions varient d'une population à l'autre, d'un pays à l'autre et au sein d'un même pays, entre « collectivités locales » et État central. Personnellement, je suis partisan de la dernière conception. Les exemples donnés montrent clairement que la propriété de l'eau est essentiellement un problème de choix de société, une « question sociale ».

Il en va de même en ce qui concerne le financement, la gestion et le contrôle de l'eau. Pour simplifier, on peut dire que deux thèses principales s'affrontent à ce sujet.

La première, que l'on pourrait appeler « la thèse de la marchandisation de l'eau », part du principe que l'eau est une ressource/marchandise comme toute autre ressource naturelle ou artificielle : la terre, le blé, les plantes, les animaux, les gènes humains, un logo, un roman, une maison. Comme il a été mentionné plus haut, tout a une valeur marchande, donc un prix d'échange duquel découle la création de richesse nouvelle pour le capital (productif et financier). Le financement des infrastructures doit être laissé aux utilisateurs de l'eau, aux consommateurs. Telle est la fonction du prix de marché de l'eau en vrac et des services d'eau. Dès lors, le prix doit être fixé de manière à récupérer tous les coûts de production (investissements et profit compris) par un taux de retour sur l'investissement adéquat et attrayant (par rapport à d'autres emplois alternatifs du capital financier). Dans le cadre de cette thèse, le gestionnaire le plus approprié est l'entreprise privée, le secteur public étant taxé d'inefficience, d'inefficacité et d'« anti-économicité ». L'idée centrale de cette thèse est qu'il faut bien distinguer entre la propriété, la gestion et le contrôle des ressources naturelles vitales comme l'eau. La propriété de l'eau doit rester publique et l'État devrait s'intéresser surtout à se donner les moyens de garantir un contrôle efficace de la gestion de l'eau qui, elle, au contraire, doit être confiée au secteur privé. Selon cette thèse, à l'État reviendrait la tâche de fixer les règles (concernant le marché des services publics et les conditions de délégation de services publics aux entreprises privées) et de garantir le contrôle du respect des règles, en particulier celles concernant la concurrence. Cela, dans l'intérêt des consommateurs/utilisateurs et des actionnaires. Aux entreprises privées appartiendrait la fonction de régulation effective des usages de l'eau (par les marchés concurrentiels) et de production de richesse correspondante (et sa redistribution en fonction du taux de retour sur l'investissement).

Cette thèse a été et est largement appliquée en ce qui concerne non seulement la distribution de l'eau potable mais aussi de l'eau de source et de l'eau minérale en bouteille. Depuis le début du siècle dernier, ces eaux sont soumises aux régimes de concession d'exploitation de la ressource, qui reste de propriété publique, ou de délégation de service. L'expérience des trente dernières années montre que dans tous les pays où la séparation entre propriété, gestion et contrôle a été appliquée, les pouvoirs réels de contrôle sur les eaux sont passés inexorablement aux mains des gestionnaires, de ceux qui savent parce qu'ils font.

En outre, les autorités publiques – le plus souvent actionnaires des sociétés privées de gestion – deviennent elles-mêmes prisonnières de l'impératif des rendements financiers, se trouvant en général dans une situation de conflit d'intérêt (étant à la fois contrôleurs et actionnaires).

La deuxième thèse – qu'on peut appeler « la thèse de l'eau "res republica" » – propose l'intégration, sous l'autorité unique de l'État, de la propriété, de la gestion et du contrôle. Elle soutient que l'eau et les infrastructures de services d'eau doivent rester de propriété publique (en tant que biens du « trésor public », du patrimoine de l'État), que les services d'eau doivent être gérés par des organismes économiques publics, étatiques et non étatiques, soumis au contrôle des autorités préposées de l'État. En ce qui concerne le financement, cette thèse considère que les coûts liés à l'accès, en quantité suffisante, à une eau qui soit d'une qualité respectant les droits individuels et collectifs, à savoir 50 litres par jour par personne pour l'eau potable et les services sanitaires, et au moins 1 000 m³ par personne par an pour tous usages confondus, doivent être financés par la fiscalité générale et spécifique, selon des règles et des mécanismes clairs et contrôlables. Pour les coûts liés aux usages dépassant le seuil des droits, il faut appliquer une tarification progressive jusqu'à un seuil d'usage interdit, car non durable et, donc, intolérable.

Le débat reste entièrement ouvert, particulièrement en ce qui concerne les choix. Après trente ans de tendance à la marchandisation de l'eau, on note ces derniers temps des signes légers de résistance et de renversement possible. C'est bien une question sociale.

La septième raison est liée aux impacts du changement climatique sur l'eau. Les termes de la question sont relativement simples eu égard à la grande complexité du sujet. Si le réchauffement de la température moyenne de l'atmosphère dépasse deux degrés d'ici 2100, les conditions de vie sur la planète seront bouleversées de manière tragique et irréversible : fonte des calottes polaires et des glaciers « éternels », avec pour conséquences l'augmentation sensible du niveau de l'eau des mers, une forte raréfaction de l'eau douce, l'extension considérable de la désertification des territoires, des bouleversements radicaux des cycles de l'eau, des problèmes énormes en ce qui concerne les terres fertiles, la production alimentaire... Si l'augmentation de la température est de moins de 1,8 degré, on pourra mitiger les bouleversements mentionnés ci-dessus, mais sans pour autant empêcher la raréfaction marquante de l'eau douce (on annonce le risque qu'en 2032, 60 % de la population mondiale vivra dans des régions à pénurie d'eau douce), les processus de désertification (par exemple, des régions de la Méditerranée), l'augmentation en nombre et en intensité des événements extrêmes (inondations meurtrières suivies par des périodes de sécheresse), les mouvements importants de population (on parle de centaines de millions de migrants environnementaux dans le monde au cours de ce siècle), etc.

Les stratégies de mitigation et d'adaptation élaborées et en cours de mise en place par les États et les groupes socioéconomiques au pouvoir pour lutter contre le réchauffement de l'atmosphère tournent autour de trois grands axes :

- *l'axe technologique* : développement intensif du dessalement de l'eau de mer, diffusion des stations de dépuration, nouvelle vague importante de construction de grands barrages, le tout pour assurer, dans tous les cas, une croissance de l'offre d'eau douce répondant aux besoins « stratégiques » de la croissance de l'économie mondiale ;
- *l'axe financier* : mobilisation généralisée des capitaux privés, dans le cadre des marchés de capitaux mondiaux libéralisés, pour garantir les énormes ressources nécessaires pour le financement des grands travaux infrastructurels dans le monde entier ;
- *l'axe économique* : confier aux instruments reposant sur les mécanismes du marché (*market-based instruments [MBI]*) la tâche de réguler l'allocation des

ressources planétaires disponibles par des mécanismes tels que le marché des émissions de CO_2, le
marché des eaux polluées, le marché des déchets, le
marché des dérivés financiers appliqués à l'environnement, à la mer, à la protection des sols...

Il s'agit de solutions cohérentes par rapport aux
logiques aujourd'hui prédominantes définies par les
pays « du Nord » et qui, par conséquent, soulèvent de
fortes questions sociales relativement aux aspects éthi-
ques, humains et politiques. Car les stratégies de lutte
contre les conséquences du réchauffement de l'atmosphère ne sont pas principalement des questions d'ingénierie technique, financière et marchande, mais plutôt
d'ingénierie politique, sociale et humaine.

Justement, la huitième raison nous rappelle que tout
ce qui a été dit jusqu'à présent dans cet essai est condi-
tionnel à la mise en place ou non d'une *nouvelle architecture politique et institutionnelle mondiale*. Il est
manifeste que le principe de souveraineté nationale sur
les ressources naturelles n'a pas empêché les évolutions
et les situations critiques et potentielles décrites ici
d'émerger et de s'affirmer. Bien au contraire. Dès lors,
ce principe ne saurait gouverner la solution aux problèmes, et ne peut donc être utilisé comme base de l'architecture politique mondiale des prochaines décennies.

Et de toute évidence, on ne peut pas non plus compter sur les mécanismes de coopération internationale inter-gouvernementale. Malgré les succès incontestables accumulés ces 60 dernières années, les agences des Nations Unies présentent un bilan « consolidé » mitigé qui ne leur donne guère le droit de se considérer aptes à rester les éléments portants de l'ingénierie politique mondiale à construire pour « gouverner » le monde.

La solution proposée par ceux qui nous gouvernent est la « gouvernance », c'est-à-dire la mise en place d'un mécanisme de discussion, de dialogue, de confrontation et de décision – de l'échelle régionale à l'échelle conti-nentale et mondiale – selon lequel tous les acteurs concernés (appelés *stakeholders* ou porteurs d'intérêts) sont mis, au niveau des négociations, sur le même plan, y compris les États. Le principe de « gouvernance » s'ap-puie aussi sur l'adoption/acceptation de trois méca-nismes : l'autorégulation et l'autocertification, la *soft law* opposée à la *hard law*, et celui de *law and finance*, qui attribue aux critères de rentabilité financière le pouvoir de déterminer les formes et les contenus prioritaires de la régulation. En réalité, la gouvernance se traduit par *la marchandisation et la privatisation du politique*. Proposer que le principe de gouvernance s'applique au domaine de l'eau et du changement climatique soulève une importante « question sociale ».

L'objectif de la mise en place d'une nouvelle architecture politico-institutionnelle mondiale ne sera pas
facilement atteint. Il en va de même pour l'ensemble
des solutions au problème mondial de l'eau. Je crois,
pourtant, que les solutions existent et sont applicables.
Il faut évidemment, comme le démontre la question de
la lutte contre le réchauffement de l'atmosphère, que
l'on prenne les mesures radicales qui s'imposent – par
exemple celle de diminuer de 60 %, d'ici l'an 2050, la
production moyenne mondiale des émissions de CO_2
par rapport au niveau des émissions de 1990. Cet
objectif ne sera certainement pas atteint si les États-
Unis – au-delà des positions de la Chine, de l'Inde, du
Brésil et de l'Union européenne – continuent à soutenir
que le niveau de vie des Américains n'est pas négociable
(*the American way of life is not negotiable*). Il faut à
cette fin travailler pour la concrétisation d'une série
d'objectifs fondateurs d'un autre devenir. C'est le
propos d'un nouveau *Manifeste de l'eau pour le XXIᵉ
siècle*[4].

---

4. La continuité est très forte avec le *Manifeste de l'eau* rédigé en 1997 à
Lisbonne par le Comité international pour le Contrat mondial de l'eau
présidé par Marco Soares. Voir également Riccardo Petrella, *Le Manifeste
de l'eau*, Bruxelles, Éditions Labor, 1998, disponible en 11 autres
langues.

DEUXIÈME PARTIE

Le manifeste de l'eau pour le XXIe siècle

L<small>A RÉFÉRENCE</small> au XXIe siècle n'est pas uniquement symbolique, voire rhétorique. Nos connaissances, bien qu'elles restent limitées et fragiles, nous permettent de raisonner sur des horizons temporels jadis impossibles. Évidemment, la certitude n'est pas au rendez-vous, mais il est, par exemple, plausible d'anticiper avec des marges d'erreur acceptables, que si (et le « si » est fondamental !) les comportements actuels des sociétés humaines ne sont pas significativement modifiés dès à présent, les calottes polaires auront fondu en grande partie d'ici les années 2080, et il en ira de même pour les glaciers « éternels » de l'Himalaya ou des Andes. On peut aussi dire que la probabilité est grande qu'au cours de la décennie 2030, presque 60 % de la population mondiale vivra dans des régions à forte pénurie d'eau douce, et que vers 2050, la plupart des grands fleuves du monde risquent de rester à sec pendant plusieurs mois chaque année.

Les années 2050 ou 2070 ne constituent pas des « futurs » éloignés, mais des futurs présents. Le débat sur les effets du réchauffement de l'atmosphère montre que le XXIᵉ siècle est à l'ordre du jour politique des divers continents du monde. S'interroger sur l'eau *du* XXIᵉ siècle, *au* XXIᵉ siècle, est non seulement justifié et légitime, mais surtout possible.

3

Rappelons ce qu'est l'eau

L'EAU – nous l'avons vu dans la première partie – est l'élément essentiel à la vie de toute espèce vivante ; elle est vitale et non substituable. Par conséquent, elle est un bien commun – une *res publica*, comme disaient les Romains il y a deux millénaires –, et personne ne devrait en être privé, quelle que soit la raison éventuellement invoquée[1]. En effet, toute mesure privée ou publique (nationale, locale…) se traduisant par des limites de l'accessibilité à l'eau pour un usage durable, solidaire et coopératif, et cela pour des raisons ethniques, raciales, religieuses, économiques ou stratégiques militaires, est inacceptable et devrait être considérée

1. Voir *L'eau, une question de démocratie et de justice*, Actes de l'Assemblée mondiale des Élus et des citoyens pour l'eau (AMECE), Bruxelles, Parlement européen, 18-20 mars 2007, <www.ierpe.eu>.

illégale, car cela va à l'encontre du fait que l'eau est indispensable à la vie et qu'elle est non substituable.

La disponibilité de l'eau et son accessibilité doivent être sauvegardées et promues. La protection et la conservation de l'eau, sur les plans quantitatif et qualitatif, relèvent de la responsabilité collective. Il appartient à tous les membres de la société d'assumer et de partager cette responsabilité dans l'intérêt de toutes les espèces vivantes. L'eau appartient au domaine des droits – et donc des devoirs – humains.

L'eau douce (par opposition à l'eau salée qui constitue 97 % de l'eau de toute la planète) est utilisée pour répondre à deux fonctions vitales principales :

- *l'eau pour la vie* : l'eau potable, l'eau pour l'hygiène, l'eau pour la santé, l'eau pour d'autres fonctions domestiques ;
- *l'eau pour la sécurité d'existence collective* : l'eau pour la production agricole (en particulier l'irrigation), l'eau pour les activités industrielles, l'eau pour la production d'énergie (électrique, nucléaire...), l'eau pour les activités de tourisme et de loisir.

Selon l'opinion universellement acceptée, l'utilisation de 50 litres d'eau douce saine par jour par habitant constitue le *seuil acceptable de quantité d'eau suffisante pour la vie.* Cette quantité est – devrait être – un droit humain, universel, indivisible, imprescriptible. La communauté internationale – par les agences de l'ONU spécialisées dans les domaines de l'eau et de la santé (Organisation mondiale de la santé, UNICEF, UNESCO, FAO…) – admet toutefois que, dans les conditions actuelles du monde, l'accès à 20 litres d'eau douce saine par jour par habitant, prélevée d'une source d'eau *à une distance de moins de un kilomètre du lieu d'habitation,* serait en soi un fait extraordinaire et positif pour des centaines de millions de personnes d'Afrique, d'Amérique latine et d'Asie qui sont totalement privées d'eau potable.

En ce qui concerne l'eau nécessaire à la sécurité d'existence collective, les mêmes agences de l'ONU estiment que la disponibilité de 1 700 m³ d'eau douce par an par habitant *tous usages confondus* (domestiques, agricoles, industriels, énergétiques…) représente *le seuil de quantité suffisante pour la sécurité d'existence des collectivités humaines.* Sous ce seuil, soit entre 1 000 et 1 700 m³, les collectivités « tombent » dans un état de pénurie d'eau et en dessous de 1 000 m³, on parle de *stress hydrique.*

4

Les défis de l'eau aujourd'hui

LES PRINCIPAUX DÉFIS auxquels nos sociétés sont aujourd'hui confrontées concernant l'eau sont au nombre de trois :

- éliminer les inégalités dans le droit à la disponibilité et à l'accès à l'eau ;
- arrêter la dégradation quantitative et qualitative des ressources en eau douce ;
- stopper la marchandisation de l'eau et son corollaire, la privatisation de la gestion des services hydriques. Enrayer la « pétrolisation » et la « coca-colisation » de l'eau.

Les inégalités dans le droit à la disponibilité de l'eau et à l'accès à celle-ci sont criantes et connues. Inacceptables, il convient de les rappeler sans cesse (tableau 2).

Tableau 2. Les inégalités dans le droit à l'accès à l'eau

- 1,5 milliard d'êtres humains n'ont toujours pas accès à l'eau potable en 2006 ;
- 2,6 milliards de personnes n'ont pas accès aux services hygiéniques et sanitaires ;
- 4 900 enfants de moins de cinq ans meurent *chaque jour* à cause des maladies dues à l'absence ou à la mauvaise qualité de l'eau. C'est comme si 16 Boeing 747 Jumbo s'écrasaient chaque jour dans le monde avec 310 personnes à bord ;
- 18 millions de jeunes filles de moins de 16 ans ne fréquentent guère l'école, car elles doivent aller chercher l'eau deux ou trois fois par jour à une distance de trois à quatre kilomètres de leur « habitation » ;
- la consommation quotidienne moyenne d'eau potable en Italie est de 238 litres, au Canada, de 400 litres, aux États-Unis, de 600 à 800 litres (d'après les chiffres connus). Pour l'Américain urbain des États-Unis, elle est de 1 117 litres. Un Tunisien « a droit » en moyenne à 15 litres par jour alors que le touriste italien dans un hôtel de Djerba « consomme » quotidiennement 1 100 litres d'eau potable ;

- le Brésil détient 11 % des ressources en eau douce de la planète, mais 45 millions de Brésiliens n'ont pas accès à l'eau potable ;
- 600 000 agriculteurs blancs en Afrique du Sud consomment 60 % des ressources hydriques du pays pour l'irrigation, alors que 15 millions de citoyens noirs manquent d'eau potable;
- le prix payé par les pauvres des banlieues des grandes villes du monde pour avoir accès à l'eau potable est supérieur à celui payé par les riches.

Accorder à tous les êtres humains des droits égaux d'accès à l'eau potable est le premier défi mondial majeur de notre temps.

Pour ce qui concerne la dégradation quantitative et qualitative des ressources hydriques douces de la planète, il n'est plus question de tergiverser. Quelques données rapides suffisent pour mesurer l'ampleur de la dégradation :

- de nombreux fleuves risquent de disparaître au cours des cinquante prochaines années (le Niger en Afrique, le Pô en Italie, le Colorado aux États-Unis…). Déjà, le Yangzi jiang en Chine ne porte plus l'eau à la mer pendant plusieurs mois de l'année. En 2007, pour la première fois de son histoire, le plus grand fleuve au monde, l'Amazone, s'est trouvé à sec à certains endroits. Les prélèvements excessifs pour l'irrigation, les drainages, la grande quantité de barrages et la pollution (12 000 km³ de déchets sont annuellement déversés dans les fleuves du monde) en sont la cause;

- en Inde, la quasi-totalité des fleuves est polluée. Il en va de même en Russie (y compris en Sibérie), en Chine... Le Canada et les pays scandinaves découvrent de plus en plus que les cours d'eau (et les lacs) de leur Grand Nord n'échappent pas aux attaques des substances polluantes. Plus de 80 % des eaux de surface en France sont polluées. Principales causes: exploitations industrielles, énergétiques et minières le long des fleuves, déchargements non traités des déchets urbains et industriels (PCB, entre autres), agriculture intensive à forte toxicité...;

- un nombre croissant de *lacs* (en Amérique du Nord, en Afrique, en Asie...) voient le niveau de leurs eaux baisser régulièrement chaque année. C'est le cas du Baïkal (après la quasi-disparition de l'Aral, jadis une des mers intérieures les plus importantes au monde), du Victoria, du Tchad (dont la superficie a diminué de plus de 30 %), de la région des Grands Lacs à la frontière des États-Unis et du Canada... La mer Morte est en train de sécher, elle aussi;

- les *nappes phréatiques* ont baissé de manière critique aux États-Unis et en Chine. D'ailleurs, l'Inde, les États-Unis et la Chine, des pays déjà confrontés à d'importants problèmes d'eau, sont destinés à devenir au cours des prochaines décennies les « grands malades hydriques » du monde (ensemble, ils totalisent actuellement une population de 2,6 milliards d'habitants). L'appauvrissement de leurs nappes est dû au fait que, à eux trois, ces pays représentent la moitié des surfaces irriguées au monde : 50 millions sur plus de 250 millions de km² irrigués, 50 millions de km² se trouvent en Chine, environ la même surface en Inde, et plus de 25 millions de km² aux États-Unis ;

- les *gaspillages* sont considérables dans le monde entier : 40 % de l'eau employée pour l'irrigation (selon le système dit par pulvérisation) se perd par évapotranspiration. Les pertes en eau dans les réseaux de distribution sont de l'ordre de 20 à plus de 50 %, même dans les régions des pays riches. En Australie, 50 % de l'eau domestique a été utilisée jusqu'à présent pour l'arrosage du jardin. Un lave-linge standard consomme en moyenne plus de 100 litres d'eau par cycle. La chasse des toilettes utilise de 10 à 20 litres (d'eau potable) par usage, alors que 2,6 milliards de personnes – on l'a vu – ne disposent même pas de latrines publiques pour leurs besoins. Il serait suffisant de réduire de moitié l'ensemble des gaspillages mentionnés pour que l'eau douce soit disponible en quantité et en qualité suffisantes pour tout le monde;

- la *déforestation,* enfin. Loin de s'arrêter, le processus de destruction des forêts primaires de la planète continue à des rythmes dévastateurs. Une fois détruite, une forêt primaire ne peut plus être reconstituée. Les forêts sont remplacées par de vastes cultures d'OGM, par des exploitations, visant la production de biocarburants, par la construction de grands barrages et par des exploitations minières irrespectueuses des droits humains et collectifs, ainsi que des contraintes gouvernementales...

Arrêter les dévastations, prendre soin de l'eau, ne pas en abuser, la conserver, la remettre en *bon état* dans toutes les régions du monde, voici le deuxième défi mondial majeur concernant l'eau.

La marchandisation de l'eau et les conflits: l'eau transformée en « or bleu » et la « pétrolisation » de l'eau

En ce qui concerne la marchandisation de l'eau et la privatisation des services hydriques, pour comprendre l'enjeu sous-jacent, il est important d'analyser les deux grandes mutations culturelles qui sont intervenues au cours des 15 ou 20 dernières années dans la vision et la conception de l'eau.

La première est liée à la *théorie des coûts* aujourd'hui prédominante au sein des classes dirigeantes de nos pays. Cette théorie postule que tout bien et tout service, pour être disponibles et accessibles, engendrent des coûts monétaires. Ces coûts, selon cette théorie, doivent être assumés par le consommateur, *même en ce qui concerne les biens et services essentiels à la vie et non substituables, comme l'eau.* Jadis, l'eau était considérée comme un bien commun, social et public, et son accès était « gratuit », c'est-à-dire que le coût était assumé – financé – par la collectivité par l'entremise de la fiscalité générale. Il n'y avait pas absence de coûts, mais les coûts étaient pris en charge par la collectivité[1].

Aujourd'hui, l'opinion publique est convaincue qu'il faut payer l'accès à l'eau – y compris l'accès aux 50 litres d'eau nécessaire à la vie par jour par personne – à un prix qui doit permettre de financer *tous* les coûts, parmi lesquels se trouve la rémunération du capital – le profit pour l'entreprise gestionnaire du service hydrique.

1. Riccardo Petrella, *Désir d'humanité. Le droit de rêver,* Montréal, Éditions Écosociété, 2005. Voir le chapitre consacré aux biens communs, p. 130-153.

Le prix doit ainsi exprimer *la valeur d'échange de l'eau* entre vendeurs et acheteurs et entre usages alternatifs concurrents sur les marchés nationaux et internationaux.

La mutation culturelle est considérable. Elle trouve ses racines dans le rejet croissant, de la part de nos classes dirigeantes, du financement par la fiscalité générale des coûts liés aux biens communs et aux services publics. Désormais, affirme-t-on, « l'eau doit financer l'eau » (en d'autres mots, le consommateur doit financer les services hydriques), comme « l'hôpital doit financer l'hôpital », « l'école doit financer l'école », et ainsi de suite. Or, plus la valeur d'échange, marchande, de l'eau augmente parce que l'eau est devenue rare, plus la marchandisation de l'eau progresse et l'idée que l'eau constitue « l'or bleu » du XXIe siècle se répand dans le monde entier[2].

La deuxième mutation, étroitement liée à la première, concerne la diffusion dans le monde d'une

2. L'officialisation de cette théorie est surrvenue à la Conférence internationale des Nations Unies sur l'eau, à Dublin en mars 2002, par l'affirmation du postulat voulant que l'eau doit être considérée essentiellement comme un bien économique dont le prix doit être fondé sur le principe de la récupération totale des coûts de production, profit compris (*full cost recovery principle*). Cette thèse a été confirmée dans la déclaration finale du premier Sommet mondial de l'ONU sur l'environnement et le développement, tenu en 1992, à Rio de Janeiro.

appropriation patrimoniale «privée» et d'une gestion utilitariste et non solidaire de l'eau entre pays et au sein des mêmes pays. On connaît les conflits entre les États. Par exemple, les conflits entre la Turquie, d'une part, et la Syrie et l'Irak, d'autre part, ou entre l'Inde et le Pakistan, entre le Tadjikistan et le Kazakstan, entre l'Égypte et le Soudan. Maintenant, les conflits se multiplient même au sein des États-Unis entre États riverains d'un même bassin, entre les régions d'Espagne à propos du Plan national hydrographique, entre les régions du Mezzogiorno en Italie ou entre les provinces de Trente et de Bolzano. De plus en plus nombreux et sérieux, ces conflits illustrent bien l'affaiblissement des liens de coopération, de partage et de solidarité en matière d'eau au sein de nos sociétés. L'eau qui se trouve dans la région Basilicate, en Italie, est considérée comme appartenant à la Basilicate. Ainsi, les autorités régionales ont créé une société patrimoniale régionale qui gère les ressources en eau de la région et les vend à la société régionale de distribution d'eau potable, ainsi qu'aux régions avoisinantes, notamment aux Pouilles, à un *prix de l'eau brute*.

Par la pratique de la vente de l'eau brute à un prix de marché, nos sociétés sont en train de réaliser la «pétrolisation» de l'eau. J'avais proposé, il y a déjà une dizaine d'années, de parler de «pétrolisation de l'eau» pour rendre plus claire et plus immédiate l'idée de la marchandisation de l'eau. La « pétrolisation » de l'eau traduit une autre modification importante dans la culture de l'eau. Comme le pétrole a été considéré comme « l'or noir » des XIXe et XXe siècles et qu'il a été à l'origine de nombreux conflits qui ont dévasté des régions entières de la planète, de même on pense que *l'eau, « l'or bleu » de ce siècle,* est destinée à devenir – elle qui en principe est source de vie – la principale cause des guerres du XXIe siècle. En réalité, rien ne justifie l'inévitabilité des guerres de l'eau[3]. Si l'on voulait, on pourrait plutôt *faire de l'eau le premier bien commun de l'humanité sur lequel bâtir un vivre ensemble pacifique et solidaire à l'échelle mondiale.* Tel est le sens du troisième défi mondial majeur sur les questions de l'eau.

Les problèmes évoqués ci-dessus constituent ce que l'on a l'habitude d'appeler la « crise – mondiale – de l'eau ».

Les données citées mettent en lumière un fait important déjà signalé dans la première partie : *la crise de l'eau n'est pas une crise d'ordre principalement naturel (manque quantitatif d'eau disponible).* Les facteurs naturels (tels que la distribution inégale des précipitations pluviales) ne sont pas les seuls responsables

3. Vandana Shiva, *La guerre de l'eau. Privatisation, pollution et profit,* Paris, Parangon, 2003.

du manque d'eau pour les quelque 100 à 200 millions de personnes vivant dans des régions arides et semi-arides.

En réalité, de plus en plus de personnes manquent d'eau dans le monde à cause de la logique de croissance à tout prix, mesurée en fonction de produits et de services consommés. Cette croissance a nourri l'hyperexploitation des ressources hydriques et les gaspillages considérables sur le plan de la « consommation ». Plus nos sociétés se sont enrichies de cette manière, plus l'eau pour des usages humains est devenue rare. Plus l'eau est devenue rare, plus les coûts en approvisionnement et en traitement (potabilisation, dépuration des eaux usées) ont augmenté, rendant moins accessibles les services hydriques aux populations pauvres. La pauvreté explique pourquoi des personnes n'ont pas accès à l'eau potable même lorsqu'elles vivent dans une zone riche en eau, alors que, même dans le désert le plus profond, le riche a toujours accès à l'eau.

Enfin, plus l'eau est raréfiée, plus elle est considérée comme une « ressource » stratégiquement importante pour la sécurité économique du pays. Dès lors, chaque pays fait valoir le principe de *sa* souveraineté absolue sur les ressources naturelles de *son* territoire.

Bref, la crise actuelle de l'eau est principalement due :

- à la surexploitation des ressources hydriques (*dimension quantitative*) ;
- au caractère peu durable des usages de l'eau (*dimension qualitative*) ;
- à la prédominance croissante d'une « économie de l'eau » essentiellement productiviste et utilitariste (*dimension techno-économique*) ;
- au recours au principe de la souveraineté patrimoniale stato-nationale, sans limite et sans partage, sur les ressources hydriques « du pays », ce qui se traduit par l'absence d'institutions internationales et mondiales ayant la légitimité et les pouvoirs de définir et de faire appliquer des solutions communes dans l'intérêt de tous (*dimensions politique et institutionnelle*).

Au cœur de la « crise mondiale de l'eau » se trouve l'incapacité, voire le manque de volonté, de la part de nos sociétés, de résoudre le problème de raréfaction quantitative et qualitative – économique – de l'eau pour usages humains causée par nos comportements, sur une base coopérative et responsable, moyennant des instruments de partage, de justice et de solidarité. L'eau existe. Ce qui manque, c'est la sagesse éthique et politique des groupes sociaux dominants et puissants de la planète.

5

Les problèmes et les défis de l'eau dans les années à venir

L A CONCLUSION du chapitre précédent a une grande portée pratique. Elle prend encore plus de sens à la lumière des dimensions que la « crise mondiale de l'eau » risque de prendre au cours des prochaines décennies à cause aussi du changement climatique global.

Depuis quelques années, au fur et à mesure que les dirigeants du monde et l'opinion publique en général ont pris conscience de la pertinence des analyses sur les conséquences globales du réchauffement de l'atmosphère, mises en évidence par le Groupe d'experts intergouvernemental sur l'évolution du climat (GIEC) (en anglais, Intergovernmental Panel on Climate Change [IPCC]), on voit les choses différemment. Désormais, on ne traite plus des questions d'eau sans

faire référence aux changements climatiques. La pro-
blématique de l'eau a été – si je peux utiliser un adjectif
peu scientifique mais très efficace pour faire comprendre ce qui se passe – vampirisée par la probléma-
tique du changement du climat.

Certes, cette « vampirisation » est largement justifiée
par l'ampleur des phénomènes en question. D'autre
part, l'hyperdétermination des problèmes de l'eau par
le climat est source d'une grande mystification possible
du monde et des questions de société. « Emprisonner »
les problèmes et les politiques de l'eau dans le cadre du
changement climatique amène à reléguer les facteurs
culturels, sociaux, économiques et politiques – qui sont
à la base de la « crise mondiale de l'eau » – à l'ordre de
causes d'importance secondaire par rapport aux facteurs climatiques qui, dans l'imaginaire collectif, sont
principalement liés aux déterminations climatiques.
Autrement dit, on déplace l'origine des problèmes vers
des « déterminations » liées aux phénomènes « naturels » du climat global sur lesquels les humains n'auraient
que peu d'influence. Cela est substantiellement faux,
car les travaux du GIEC montrent que l'actuel changement climatique est essentiellement de nature anthropique, causé par le comportement des sociétés humaines
au cours des cent dernières années. Ainsi, laisser
entendre que l'on se trouve devant des phénomènes

planétaires « naturels » constitue un raccourci dange-
reux pour la compréhension du monde et de ses enjeux
réels.

Selon les derniers rapports du GIEC[1], les évolutions
actuelles et prévisibles du climat global exacerberont
la « crise mondiale de l'eau ». Le réchauffement de l'atmosphère se traduira par une raréfaction croissante de
l'eau, s'exprimant par une intensification de la désertification, notamment dans les régions déjà affectées par
le phénomène, et par une plus grande récurrence et
instabilité des événements extrêmes tels que les fortes
inondations et les sécheresses. L'utilisation des sols et
les activités agricoles et côtières subiront des changements considérables.

Selon le GIEC, les changements climatiques auront
surtout une influence négative sur les populations pauvres du monde qui souffrent déjà, comme nous l'avons
souligné auparavant, de graves problèmes d'accès à
l'eau. Cela signifierait qu'au début des années 2030,
plus de quatre milliards de personnes auraient de graves
problèmes d'accès à l'eau potable et aux services sanitaires. Dans ce cas, le nombre d'enfants de moins de

1. GIEC, *Quatrième rapport d'évaluation* 2007 (aussi appelé *Climate
Change* 2007). Voir également Programme des Nations Unies pour l'environnement (PNUE), *L'avenir pour l'environnement*, GEO4, PNUE et
de Boeck, 2007.

cinq ans qui meurent chaque jour des suites de maladies dues à l'absence ou à la mauvaise qualité de l'eau doublerait, passant de 4 900 à près de 10 000.

Même si le réchauffement de l'atmosphère ne devait faire augmenter la température que de deux degrés d'ici la fin du siècle, les calottes polaires et les glaciers du monde continueraient à fondre à un rythme accéléré avec des conséquences considérables sur l'élévation du niveau de la mer. Environ 150 millions de personnes pourraient être exposées à des inondations côtières continentales d'ici 2070, contre 40 millions actuellement. C'est ce qui ressort d'un rapport publié récemment par l'Organisation de coopération et de développement économiques (OCDE) sur les répercussions économiques du changement climatique dans les grandes villes[2]. Dans leur analyse, les auteurs se sont basés sur une élévation moyenne du niveau des océans de 0,5 mètre d'ici 2070. Ils se sont intéressés à 136 villes portuaires. À l'heure actuelle, Mumbaï (Bombay), en Inde, Guangzhou (Canton), en Chine, et Miami, aux États-Unis, font partie des 10 villes présentant le plus grand nombre d'habitants exposés au risque d'inondation. D'après les prévisions, en 2070, Kolkata (Calcutta), en Inde, sera la ville la plus exposée aux inondations dans le monde. Il

· 2. OCDE Reports, *Ranking Port Cities with High Exposure and Vulnerability to Climate Extremes*, OCDE, Paris, 2007.

est évident que si la température devait augmenter de plus de deux degrés, le monde entrerait dans des évolutions climatiques plus que dangereuses.

Comme le souligne le dernier rapport (2007-2008) du PNUD sur le changement climatique, le principal problème de la lutte contre le changement climatique est la grande *division politique, socioéconomique et culturelle du mon*de. Une telle division rend difficile la mise en place de programmes efficaces de réduction des changements climatiques et de leurs effets (stratégie de la mitigation), et d'adaptation aux changements intervenus et à venir (stratégie de l'adaptation).

Pour l'instant, la réponse des dirigeants du monde entier pour faire face aux problèmes est axée autour de trois instruments : la technologie, la finance privée et le marché.

La technologie est en quelque sorte vue comme salvatrice du futur de l'humanité. Dans le domaine de l'eau, on pense surtout :

- au *dessalement de l'eau de mer* : déjà, de grandes installations de dessalement sont en place ou le seront, notamment en Israël, dans les pays du golfe Persique, en Espagne, en Algérie, dans les États de la côte pacifique des États-Unis, en Australie, en Chine et en Inde ;

- au retour à la *construction de grands barrages* : après une certaine accalmie, voire un moratoire, dans la construction des grands barrages (plus de 50 000 barrages construits depuis la fin de la dernière guerre mondiale), on revient à cette solution en Chine, en Inde, en Turquie, en Afrique du Sud, au Brésil… ;
- à la *dépuration* à vaste échelle, en vue de la réutilisation des eaux usées, notamment en agriculture.

Il est vrai que la foi dans le salut par la technologie n'est plus aussi sûre et répandue que par le passé, et qu'en matière de politique de l'eau, on pense aux solutions technologiques aussi pour promouvoir une meilleure gestion des usages de l'eau et de sa « consommation ». Il n'en demeure pas moins que, en général, dans la tête des dirigeants, la technologie doit surtout servir à maintenir élevée, voire augmenter, l'offre d'eau pour répondre à ce que l'on croit être une croissance continue inévitable de la demande d'eau à l'échelle de la planète, imposée par la « croissance économique » mondiale. Or, l'expérience des trente dernières années a montré que ce postulat n'est pas aussi évident qu'on le prétend.

La finance privée est considérée comme le deuxième instrument incontournable devant l'ampleur des investissements qu'appellent les solutions technologiques, étant donné les conditions fragiles et incertaines dans lesquelles on a fait glisser les finances publiques, surtout les finances des collectivités locales, principales responsables de la gestion des ressources hydriques. Selon les travaux réalisés par la Commission européenne de l'UE, les besoins financiers des pays membres *pour les trente prochaines années* pour mener à bien les stratégies de mitigation et d'adaptation devraient s'élever à plusieurs dizaines de milliers de milliards d'euros. Inutile, dit-on, d'espérer financer cela par les caisses des États (par les taxes), la tendance dominante étant favorable à la réduction des taxes. Il ne resterait que le capital privé, à la condition que les investissements dans le domaine de l'eau soient attrayants pour le secteur privé[3].

Enfin, vient le marché. Il est clair que si la tâche de réaliser les grands projets infrastructurels en appliquant

3. Voir le rapport du groupe d'experts dit « groupe Camdessus » (Michel Camdessus a été directeur général du FMI et il a présidé les travaux du groupe) *Financing Water for All*. Ce rapport a été présenté au 3e Forum mondial de l'eau, à Kyoto en 2003, organisé par le Conseil mondial de l'eau. Le Conseil mondial de l'eau est présidé par le PDG de l'entreprise privée Eaux de Marseille dont le capital appartient à parts égales aux deux principales entreprises mondiales de l'eau (Veolia et Suez). Les principales propositions du rapport sont en faveur de la libre mobilité internationale des capitaux, de la garantie de la sauvegarde du droit de propriété (interdiction d'éventuelles nationalisations des biens et des services), de la liberté de rapatriement des profits, de la garantie ou couverture par les États de la solvabilité des emprunteurs publics et privés.

les solutions technologiques les plus efficaces revient aux grandes entreprises mondiales industrielles de haute technologie, et si le financement de ces grandes œuvres tombe sous la responsabilité principale de la finance privée, le marché – la concurrence – est le mécanisme capable de permettre l'allocation optimale des ressources disponibles pour répondre aux besoins les plus solvables, dans l'intérêt des acteurs financiers les plus puissants.

Si cette « architecture à trois piliers » devait l'emporter, on assisterait à un renforcement majeur à l'échelle planétaire de la marchandisation de l'eau, de la privatisation du pouvoir politique dans le domaine de l'eau et de sa « pétrolisation ». Loin de contribuer à résoudre les problèmes et défis de l'eau au cours des prochaines décennies, une telle « architecture » contribuerait à leur aggravation en termes de conflits, de violences, d'exclusions et de pérennisation de la pauvreté dans le monde, au Nord comme au Sud.

6

Les six principes du
Manifeste de l'eau pour le XXIe siècle

Il nous est maintenant possible de présenter et
d'illustrer les principes fondateurs du *Manifeste de
l'eau pour le XXIe siècle*. Ce « Manifeste » s'inscrit dans
les perspectives ouvertes par les innombrables expériences d'innovation et de lutte sociales en cours à tra-
vers le monde pour promouvoir :

- une autre *condition humaine* – fondée sur le droit
  à la vie pour tout être humain ;
- un autre *vivre ensemble* de l'humanité – axé sur la
  responsabilité, le partage et la solidarité entre communautés humaines) ;

... et construire :

- une autre *éco-nomie* (règles de la maison) – basée sur la promotion de l'eau en tant que bien commun mondial, au même titre que l'air, le soleil, la terre, la connaissance, le capital biotique de la planète... ;
- d'une autre architecture politique de gouvernement (et non pas de « gouvernance ») – structurée en réseaux mondiaux fondés sur le principe de la non-violence et du refus de la guerre.

Premier principe

La disponibilité de l'eau et l'accès à celle-ci – à ses usages – constituent un droit humain (universel, indivisible et imprescriptible) individuel et collectif. L'eau est un symbole réel du caractère « sacré » que nos sociétés attribuent à la vie. L'eau est donc sacrée.

L'eau étant la vie, l'eau fait partie du droit humain à la vie. L'accès à *l'eau pour la vie* est un droit humain – individuel et collectif – universel, indivisible et imprescriptible. L'Organisation mondiale de la Santé (OMS) estime que l'usage de 50 litres d'eau potable par jour par personne constitue la quantité nécessaire et indispensable à une vie de qualité décente. Il est de l'obligation de la collectivité, des communautés « locales » et des États, de garantir l'accès universel à cette quantité d'eau pour tout citoyen.

Le droit à l'eau à titre collectif, à savoir *l'eau pour la sécurité d'existence collective* d'une communauté humaine (l'eau pour l'agriculture, l'industrie, l'énergie), implique, selon l'OMS citée, la disponibilité d'au moins 1 700 m³ d'eau douce par an par personne pour tous usages confondus.

Personne ne doit être privé de l'accès à l'eau potable et aux services hygiéniques et sanitaires. *L'accès à l'eau et à son usage doit être garanti pour tous, sans discrimination aucune de race, de sexe, de religion, de nationalité, de revenu, de classe sociale.*

Comme on peut le voir à l'annexe 1, on est encore bien loin d'atteindre cet objectif dans le monde. Même la Déclaration universelle des droits de l'homme ne mentionne pas le droit à l'eau. La concrétisation de ce droit pour tous doit être *l'objectif politique mondial prioritaire de ce début du XXIᵉ siècle*: il n'y aura pas de « bonne » société, ni d'économie « efficace », ni de mondialisation « à visage humain », ni de « solidarité » et de « justice » dans le monde tant qu'il y aura des êtres humains qui ont soif et meurent à cause de l'absence d'eau potable ou de sa mauvaise qualité.

Nous proposons que *l'accès à l'eau soit reconnu comme un droit humain, universel, indivisible, inaliénable et imprescriptible par les Nations Unies, notamment par le Conseil des droits de l'homme des Nations Unies, à l'occasion du 60ᵉ anniversaire de la Déclaration universelle des droits de l'homme, le 10 décembre 2008.*

En 2002, les États se sont prononcés en faveur de cette reconnaissance dans le cadre des travaux du Comité des droits économiques, sociaux et culturels des Nations Unies, par ce qu'on appelle le « Commentaire général nº 15 ». Mais il ne s'agit que d'un avis et d'un souhait sans valeur politique et juridique contraignante. La résolution adoptée en mars 2006 par le Parlement européen – *première instance démocratique représentative continentale à le faire* – tous groupes politiques confondus et demandant que l'accès à l'eau soit reconnu comme un droit humain constitue une prise de position ayant un poids politique plus grand, mais sa portée réelle effective dépend de l'approbation des États de l'Union européenne. En 2007, la même requête a été approuvée par la Commission des Affaires étrangères du Parlement italien. En outre, lors de l'AMECE (Assemblée mondiale des élus et des citoyens pour l'eau) qui s'est tenue en mars 2007 au Parlement européen, les ministres représentant les gouvernements bolivien et italien se sont engagés à prendre une initiative politique internationale visant à concrétiser cet objectif.

Même si les initiatives prises jusqu'à présent (voir l'annexe 2) n'ont pas eu la consistance et la force juridiques et politiques nécessaires pour faire basculer les classes dirigeantes en faveur de la reconnaissance du droit humain à l'eau, le terrain est plus que fertile pour qu'en décembre 2008, dans le cadre du nouveau Conseil des droits de l'homme de l'ONU, l'objectif visé puisse être atteint, au moins sur le plan de la déclaration formelle. Hélas, au stade actuel (juillet 2008), le Conseil des droits humains des Nations Unies a décidé en mars dernier de ne rien faire, se contentant de nommer un rapporteur spécial sur la question (encore un autre rapporteur!) censé remettre son rapport en 2011! C'est dire que la mobilisation des citoyens doit continuer.

Deuxième principe

L'eau appartient aux habitants de la Terre et aux autres espèces vivantes. Elle est un bien commun, un patrimoine de l'humanité. Elle n'est pas une marchandise, un bien économique marchand. Elle n'est pas « l'or bleu ».

En tant que « source de vie » essentielle et non substituable, *l'eau est un bien vital pour toute espèce vivante*. La santé individuelle et collective des êtres humains en dépend particulièrement. L'agriculture et l'industrie aussi. Il n'y a pas de richesse collective et de bien-être sans accès à l'eau. Dès lors, *l'eau appartient collectivement à tous les habitants de la Terre.* Aucun d'entre eux, individuellement ou en groupe (une municipalité, une région, un État...), n'a le droit d'en faire sa propriété *privée*, dans une logique d'exclusivité, de non-partage et de rivalité.

L'eau est un bien commun, un patrimoine de l'humanité. Cela signifie qu'elle fait partie du patrimoine public de chaque « nation », de chaque État, en tant que partie intégrante du patrimoine commun de l'humanité. De même, *la responsabilité et la souveraineté des communautés « locales » et des États sur l'eau de leurs territoires sont intangibles et inaliénables. Elles le sont en tant que fiduciaires et au nom de l'humanité, ayant la responsabilité d'assurer « le respect du bien commun et du droit à la vie pour tous ».*

Ainsi, à titre d'exemple, la responsabilité et la souveraineté primaires de l'eau en Amazonie appartiennent aux peuples des communautés et des États amazoniens. Ils doivent exercer cette responsabilité et cette souveraineté de manière à valoriser, utiliser et sauvegarder l'eau :

- dans le respect du droit à la vie pour *tous* les membres de leurs communautés et États ;

- sans porter préjudice aux habitants des pays voisins et de la communauté mondiale ainsi qu'à la « soutenabilité » de la vie à l'échelle des écosystèmes (par exemple, les peuples amazoniens, comme le peuple chinois ou les peuples africains du bassin du Nil, ne peuvent utiliser leur eau de façon à la polluer, à mettre en danger la survie des bassins, etc.);
- dans le respect du droit à la vie des générations futures et du bon état des resssources en eau douce de la planète.

L'eau, donc, n'est pas une marchandise. *Elle ne peut et ne doit pas être vendue, achetée et être source de profit.* Elle peut faire l'objet d'accords, de conventions, de traités internationaux sur le partage et le transfert de l'eau disponible et sur les services hydriques, mais uniquement sur la base des principes de la communauté de bien, de la solidarité et de la responsabilité. *Elle ne peut ni ne doit être considérée comme « l'or bleu »*, car ce faisant, on transforme radicalement l'essence même de l'eau « source de vie », « don naturel », expression fondamentale de la gratuité de la vie. La marchandisation de l'eau se traduit par la marchandisation de la vie.

L'eau appartient à l'économie des biens communs, à l'économie de la *res publica*. Elle n'appartient pas à l'économie de l'appropriation privée des biens et de l'usage par l'échange marchand.

Afin de concrétiser les prescriptions découlant du premier principe, il est proposé de « commencer par le commencement », à savoir par définir le *statut de l'eau*. Il est temps de *reconnaître l'eau, localement et mondialement, comme un bien commun public.*

Une mesure immédiate à prendre consiste à exclure *les services hydriques du champ des services d'intérêt général à caractère économique et, partant, des mesures de libéralisation des services* dans le cadre des négociations de l'Organisation mondiale du commerce (OMC+) dites Accord général sur le commerce des services (AGCS). Le principe de l'exclusion devrait également être appliqué au sein des accords continentaux de libéralisation (ALENA, Mercosur, ASEAN, Union européenne). Rappelons que le Parlement européen s'est prononcé en mars 2004 en faveur de l'exclusion des services hydriques de l'application des règles du marché intérieur unique.

Sur un plan plus général, il est urgent *que les pouvoirs publics adoptent,* avec force et sans compromission avec les intérêts corporatifs du monde agricole, industriel ou énergétique, *des mesures cohérentes et efficaces pour la protection de la ressource eau, du sol et du territoire :*

a) *en réduisant*:

– de 50 % les pertes d'eau dans le système d'irrigation actuel par « pulvérisation »,

– à 15 % les pertes des réseaux de distribution de l'eau potable,

– l'usage domestique excessif d'eau potable, notamment sur le continent nord-américain;

b) *en promouvant* une politique *d'épargne généralisée* dans les usages d'eau;

c) *en luttant* réellement (au-delà de l'instauration des marchés des eaux polluées) contre les taux actuels de pollution et de contamination d'origine agricole, industrielle et domestique.

Qu'attendent les innombrables agences internationales gouvernementales, ONG, fondations, programmes et campagnes, concernant la sauvegarde de l'eau, ses usages durables, sa gestion « efficace » pour reconnaître l'eau comme le *premier bien commun public de l'humanité*?

Qu'attendent, en particulier, les 27 États membres de l'Union européenne pour atteindre en 2015 *un bon état* des ressources hydriques en Europe et pour *reconnaître l'eau comme le premier bien commun public européen*, conformément aux objectifs fixés par la Directive-cadre européenne sur l'eau de l'an 2000? Ce faisant, l'Europe, dont les entreprises d'eau sont les premières principales « puissances » multinationales industrielles, financières et commerciales de l'eau au monde, donnerait non seulement l'exemple, mais ouvrirait largement la porte à la reconnaissance de l'eau comme bien commun mondial. Il faudra à cette fin commencer à *republiciser la gestion des services hydriques en Europe*, ce qui n'est pas impossible (voir aussi le troisième principe, ci-dessous).

Troisième principe

Le gouvernement de l'eau – de toutes les eaux (y compris les eaux minérales) – et des activités couvrant l'ensemble du cycle intégral de l'eau (de la captation au recyclage) relève de la responsabilité publique de l'État et, en son sein, des communautés/collectivités locales.

Les États doivent assurer un gouvernement cohérent, transparent et efficace de la propriété, de la gestion et du contrôle de toutes les activités relatives aux différentes phases du cycle intégral de l'eau, particulièrement en ce qui concerne la protection et la sauvegarde du patrimoine hydrique et des sols, dans le cadre d'une approche écosystémique globale, à partir des bassins hydrographiques régionaux et interrégionaux et d'une réelle participation et coresponsabilité des communautés locales.

Seul un État juste, responsable vis-à-vis de ses citoyens et des générations futures et non corrompu peut assurer la meilleure intégration et la meilleure cohérence entre allocations et usages multiples du bien dans le partage et la solidarité, sans conflits violents ni exclusions destructrices.

Les opérateurs et les capitaux privés ont un rôle essentiel à jouer sur le plan de la production des infrastructures, des équipements, des réseaux, des produits intermédiaires, des activités de conseil. À l'inverse, ils ne doivent pas avoir de responsabilité et de pouvoir de décision en matière de propriété des eaux, ainsi que de gestion et de contrôle des services hydriques. Il en va de même en ce qui concerne le financement.

Afin de concrétiser efficacement le troisième principe, il est proposé de prendre les mesures suivantes :

a) là où la privatisation du gouvernement réel des services hydriques s'est développée (par des modalités qui diffèrent d'un pays à l'autre), il faut *procéder à leur republicisation (retour à l'économie publique) sous des formes efficientes et participatives nouvelles.* Les exemples de republicisation de l'eau à l'échelle nationale ne manquent pas : Uruguay

(republicisation des services d'eau par référendum
en 2004), Pays-Bas (interdiction, par une loi
approuvée en 2004, de la délégation de la gestion
des services de distribution d'eau à des sujets privés),
Bolivie (en 2003, republicisation de la gestion
de l'eau et création d'un poste de ministre de
l'Eau), Venezuela, Argentine et, dernier exemple,
Ecuador;

b) *renforcer le rôle des entreprises publiques de l'eau*
en favorisant leur capacité d'innovation et en amé-
liorant la qualité des services par des mesures fis-
cales et financières ainsi que par:
   - la lutte contre la corruption,
   - le réinvestissement obligatoire et exclusif dans le
     secteur de l'eau des recettes publiques générées
     par la facturation du service,
   - l'instauration du principe de la transparence
     comme une règle obligatoire à laquelle on ne peut
     déroger;

c) *promouvoir des campagnes de mobilisation en
   faveur de l'usage de l'eau publique – du robinet –
   dans les lieux publics* (les aéroports, les ports, les
   gares ferroviaires et routières, les restaurants, les
   écoles, les stades, les salles des parlements et des
   conseils communaux, provinciaux et régionaux, les
   hôpitaux, les fêtes publiques, les administrations

publiques…), notamment par la création de « maisons de l'eau » comme modalités nouvelles pour le XXIe siècle de ce que furent aux XIXe et XXe siècles les fontaines publiques ;

d) réapprendre à utiliser et à recycler l'eau de pluie pour les services hygiéniques, le nettoyage des rues et des lieux publics, pour des usages industriels ;

e) procéder, à moyen et à long terme, à la reprise en régie de la gestion des eaux minérales ;

f) *substituer les formes de partenariat public-privé (PPP)*, qui se sont révélé être des « pratiques de privatisation du politique », par des *formes nouvelles de partenariat public-public, aux échelles nationale et internationale, devant aboutir entre autres à la création de réseaux transbassins des services publics de l'eau.* Les partenariats public-public devraient se développer non seulement selon un axe nord-sud, mais aussi nord-nord et, de manière plus importante, selon un axe sud-sud, grâce au soutien des agences publiques internationales du système onusien et du système Bretton Woods (ce dernier, évidemment, après une profonde réfrme structurelle).

Quatrième principe

Le financement des coûts associés au gouvernement de l'eau (de l'eau pour la vie et de l'eau pour la sécurité d'existence des communautés humaines) doit être assuré par la collectivité, par l'État.

C'est la société qui doit assumer collectivement, par la fiscalité générale et spécifique, la couverture de l'ensemble des coûts relatifs au captage, à la production, au stockage, à la distribution, à l'utilisation, à la conservation et au recyclage de l'eau, en vue de fournir et de garantir l'accès à l'eau et l'usage de l'eau dans le respect de la quantité et de la qualité considérées nécessaires et indispensables à la vie individuelle et à la sécurité d'existence collective.

Le financement public des coûts de l'eau et des services par les mécanismes de la répartition collective (fiscalité) vise avant tout la quantité vitale d'eau de qualité (50 litres par jour par personne) qui respecte le droit individuel et collectif d'accès à l'eau. Les mécanismes de *tarification individuelle*, qui reposent sur une base progressive en fonction des quantités employées, doivent intervenir à partir de niveaux d'utilisation de l'eau dépassant ces 50 litres. *Au-delà d'une certaine quantité d'eau* (à déterminer par les communautés locales, dans le cadre d'une coordination nationale, voire internationale), *l'usage est considéré excessif et non soutenable*, et est donc interdit selon le principe que *tout abus devient illégal*. Dans le cas de l'eau potable, on pourrait penser que l'utilisation de 180 litres par jour par personne devrait constituer, en Europe, la limite à ne pas dépasser. La moyenne européenne actuelle est inférieure à cette quantité.

Cinquième principe

L'eau est une affaire de citoyenneté et de démocratie. Toute politique de l'eau implique un haut degré de participation des citoyens, aux échelles locale, nationale, continentale et mondiale.

Le citoyen doit être au centre des décisions. Le gouvernement public, durable et solidaire de l'eau fait partie du domaine de la démocratie participative, représentative et directe. Il dépasse les compétences et les savoir-faire des techniciens, des ingénieurs et des financiers.

Le citoyen (et non pas seulement le « consommateur » avisé) a un rôle important à jouer quant aux modalités de définition des priorités de la politique de l'eau, de son exécution et de l'évaluation des résultats. Cette exigence implique l'inclusion, au-delà des usagers de l'eau, de tous les citoyens dans des *cadres participa-*

tifs fondés sur le partage d'expériences et de savoir-faire. Elle peut être partiellement satisfaite par la création, dans les communautés de base, de *comités de citoyens* (ou institutions similaires).

L'évaluation de la politique de l'eau est un acte politique qui doit être ouvert aux citoyens et qui ne doit pas rester l'apanage des experts. Une politique d'épargne des ressources hydriques et de conservation dans le respect des droits des générations futures implique nécessairement l'engagement des citoyens d'aujourd'hui.

Des formes de *démocratie participative* commencent à se développer dans les communautés locales, les villages et les villes. Il en va autrement sur les plans national et international, où la participation des citoyens reste à inventer. À cette échelle, la priorité doit être donnée, à court terme, au renforcement des institutions de démocratie *représentative dans le gouvernement des biens communs et des services publics.*

À cette fin, il est proposé que *les Nations Unies assument sans tarder la responsabilité directe des Forums mondiaux de l'eau, gérés à l'heure actuelle par une structure privée, le Conseil mondial de l'eau (CME).* Le CME a été créé en 1996 à l'initiative des entreprises privées de l'eau avec l'appui de la Banque mondiale et de certains gouvernements (français et britannique, notamment).

L'ONU bénéficie de ressources et de compétences remarquables dans tous les domaines de l'eau, directement et indirectement. Huit de ses agences, parmi les plus importantes, s'occupent directement de l'eau : l'OMS, la FAO, l'OMM, l'UNESCO, le PNUE, le PNUD, UN-Habitat et l'ONUDI. Elles font partie, avec d'autres, de l'instance ONU-Eau. On voit mal les raisons qui ont conduit les autorités de l'ONU, depuis le sommet de Rio de Janeiro en 1992, à laisser assumer la maîtrise de la définition de l'ordre du jour de la politique mondiale de l'eau par le Conseil mondial de l'eau et son Forum mondial de l'eau. Mais il est encore temps de corriger la situation.

Sixième principe

Bâtir le « vivre ensemble » et la paix à partir de l'eau, bien commun. La mondialisation du devenir de nos sociétés et de l'humanité appelle une éthique et une architecture politique mondiales, et le rejet des guerres de l'eau.

Ces dernières années, les appels à la coopération mondiale, à la coordination mondiale des activités et des programmes, à la création d'une autorité mondiale de l'eau, au développement d'une nouvelle culture mondiale de l'eau, à une éthique mondiale de l'eau, entre autres, se sont multipliés.

De tous côtés, les institutions, les groupes de Prix Nobel, les fondations, les ONG... liés ou non aux *Décennies internationales de l'eau* promues par l'ONU (la première s'est déroulée de 1981 à 1990 et la deuxième est en cours, de 2005 à 2015) ont cherché à faire faire à la communauté internationale le saut qualitatif politique nécessaire pour « une inversion de route ». Les résultats à ce jour sont mitigés.

Il est temps de *mettre en place, à l'initiative de l'ONU, une autorité mondiale de l'eau au croisement avec les objectifs de la lutte contre la pauvreté et contre le réchauffement de l'atmosphère.* Cette autorité mondiale (ou autre dénomination) sera *chargée de réglementer les usages de l'eau dans le monde (droits et devoirs des peuples et des États) et de promouvoir la coopération et la solidarité entre les peuples.* Il ne s'agit pas de créer une autre « bureaucratie » intergouvernementale internationale, mais il ne faut pas non plus accepter que se maintienne la situation grave décrite précédemment.

De pair avec la mise en place de l'autorité mondiale, il est indispensable de promouvoir la naissance d'une *Assemblée mondiale des élus de l'eau* (AMEE), à l'initiative, le cas échéant, de l'Union interparlementaire. Il s'agit d'une contribution importante au développement nécessaire de la *démocratie représentative mondiale,* alors que le monde est de plus en plus soumis à l'emprise de grandes *oligarchies mondiales publiques et privées.*

Le monde a besoin de se donner des instruments de paix, et non pas de renforcer les moyens de compétitivité et de rivalité, ainsi que les causes de conflits. L'eau est le terrain fondamental de la vie à partir duquel on peut construire au xxie siècle des modalités nouvelles du vivre ensemble à l'échelle régionale et mondiale. *L'instrument immédiat à utiliser pour atteindre cet objectif est l'approbation d'un protocole mondial sur l'eau dans le cadre des propositions qui sont en cours d'élaboration dans la prospective du post-Kyoto 2013.*

Conclusion

RIEN N'EST INÉVITABLE dans la « crise de l'eau ». Le futur n'est pas encore écrit.

Le défi du droit à la vie pour tous est mondial et global. Pour y faire face, les « réformes » ne constituent pas une véritable réponse. Les solutions doivent être courageuses, structurelles, et s'attaquer aux racines de la « crise ». Les solutions existent et sont possibles, c'est plus qu'un espoir. Elles garantissent la liberté dans le futur, pour tous.

Le manifeste de l'eau pour le XXIe siècle est un instrument au service de la liberté dans le futur. Sans l'accès à l'eau, il n'y pas de liberté *tout court*. Pour *Le manifeste de l'eau*, le devenir et la vie appartiennent à tous les êtres humains, ici et ailleurs, maintenant et demain.

Annexe 1
Le droit à l'eau dans
les constitutions nationales

LE DROIT À L'EAU FIGURE DÉJÀ DANS DIVERSES
CONSTITUTIONS ET LÉGISLATIONS NATIONALES

La première partie de la liste inclut tous les pays qui ont entériné une référence claire et explicite au droit à l'eau dans leur constitution. La seconde partie énumère les pays qui y font une référence indirecte et générique.

Référence directe au droit à l'eau

AFRIQUE DU SUD (1996). Section 27 1): *Everyone has the right to have access to… sufficient food and water*; et 27 2): *The state must take reasonable legislative and other measures, within its available resources, to achieve the progressive realization of each of these rights.*

La BELGIQUE vient de décider de faire de même alors que ce droit est déjà inscrit dans ses lois. Le droit à l'eau peut être inscrit dans des lois. En RÉGION WALLONNE, le droit à l'eau résulte de la disposition suivante : « Toute personne a droit de disposer d'une eau potable de qualité et en quantité suffisante pour son alimentation, ses besoins domestiques et sa santé. » (Décret du 15 avril 1999 de la Région wallonne relatif au cycle de l'eau et instituant une entreprise publique de gestion de l'eau.) Un texte similaire existe en FLANDRE et à BRUXELLES.

CONGO, RÉPUBLIQUE DÉMOCRATIQUE DU, (projet, 2005). Art. 48 : Le... droit d'accès à l'eau potable... est garanti.

ÉQUATEUR (1998). Art. 23 : *Sin perjuicio de los derechos establecidos en esta Constitución y en los instrumentos internacionales vigentes, el Estado reconocerá y garantizará a las personas los siguientes:... El derecho a una calidad de vida que asegure la salud, alimentación y nutrición, agua potable, saneamiento ambiental; educación, trabajo, empleo, recreación, vivienda, vestido y otros servicios sociales necesarios.*

ÉTHIOPIE (1998). Art. 90 : *Every Ethiopian is entitled, within the limits of the country's resources, to ... clean water.*

KENYA (Projet, 2005). Art. 65 : *Every person has the right to water in adequate quantities and of satisfactory quality.*

URUGUAY (2004). Art. 47 : L'accès à l'eau potable et l'accès à l'assainissement sont des droits humains fondamentaux.

Référence indirecte au droit à l'eau

COLOMBIE (1991). Art. 366 : *Será objetivo fundamental de su actividad la solución de las necesidades insatisfechas de... saneamiento ambiental y de agua potable. Para tales efectos, en los planes y presupuestos de la Nación y de las entidades territoriales, el gasto público social tendrá prioridad sobre cualquier otra asignación.*

GAMBIE (1996). Art. 216 (4) : *The State shall endeavour to facilitate equal access to clean and safe water.*

OUGANDA (1995). Art. 14 : *The State shall endeavour to fulfill the fundamental rights of all Ugandans to social justice and economic development and shall, in particular, ensure that... all Ugandans enjoy rights and opportunities and access to education, health services, clean and safe water, decent shelter, adequate clothing, food, security and pension and retirements benefits.*

PHILIPPINES (1987). Section 11: *The State shall adopt an integrated and comprehensive approach to health development which shall endeavour to make essential goods, health and other social services available to all the people at affordable cost.*

ZAMBIE (1996). Art. 112: *The State shall endeavour to provide clean and safe water for all persons, and take measures to constantly improve such facilities and amenities.*

Source: *L'eau, une question de démocratie et de justice*, Actes de l'Assemblée mondiale des élus et des citoyens pour l'eau (AMECE), Bruxelles, 2008, <www.ierpe.eu>.

Annexe 2
La multitude d'organismes actifs
dans le domaine de l'eau

Organisations internationales gouvernementales

- Le système ONU-Eau (dont font partie l'OMS, la FAO, l'OMM, l'NESCO, le PNUE, le PNUD, UN-habitat, l'ONUDI...)
- Les institutions du système Bretton Woods : BM, FMI, GATT/OMC.
- Banque mondiale : Banque africaine de développement, Banque asiatique de développement, Banque arabe pour le développement économique en Afrique, Banque latino-américaine pour le développement
- Fonds monétaire international
- Organisation mondiale du commerce

Organisations « continentales » (quelques exemples)

– Union européenne
– Union africaine
– Plan Bleu méditerranéen

Organisations internationales
non gouvernementales (publiques, privées et mixtes)
(quelques exemples uniquement)

– International Water Association (D)
– International Rivers Network (USA)
– Office International de l'Eau (F)
– Conseil mondial de l'eau (World Water Council)
– Global Water Partnership (S)
– Stockholm International Water Institute (S)
– Blue Planet / Council of Canadians (CDN)
– Forum Nazionale dei Movimenti per l'Acqua (I)
– Defensa del Agua y de la Vida (Bolivie)
– Institut Européen de Recherche sur la Politique de l'Eau (B)
– Public Services International (UK)
– Corporate European International (NL)
– Fondation One Drop (CDN)
– Green Cross International (CH)
– Water Justice (Bangladesh)
– Foro Amazonico (Brésil)
– Réseau africain de l'eau (African Water Network) (Sénégal)

Table des matières

LES GRANDES CONFÉRENCES

Créée par le Musée de la civilisation à Québec, la collection
« Les grandes conférences » regroupe des textes de conférences
prononcées au Musée même, à son initiative, mais également
en d'autres lieux, marqués ici par un astérisque.

Chantal Bouchard
On n'emprunte qu'aux riches*
La valeur sociolinguistique et symbolique des emprunts

Jacques-Olivier Boudon
Napoléon à Sainte-Hélène*
De l'exil à la légende

André Burelle
Le droit à la différence à l'heure de la globalisation*
Le cas du Québec et du Canada

Jean Daniel
Affirmation nationale et village planétaire

Pierre Dansereau
L'envers et l'endroit
Le besoin, le désir et la capacité

Henri Dorion
Éloge de la frontière

Louis Jacques Filion
Tintin, Minville, l'entrepreneur et la potion magique*

Hervé Fischer
Le romantisme numérique

Yves Gingras
Éloge de l'homo techno-logicus*

Jacques T. Godbout
Le langage du don

Jacques Grand'Maison
Pourquoi sombrons-nous si souvent dans la démesure?*

Jean-Claude Guillebaud
L'homme est-il en voie de disparition ?

Gisèle Halimi
Droits des hommes et droits des femmes
Une autre démocratie

Nancy Huston
Pour un patriotisme de l'ambiguïté*
Notes autour d'un voyage aux sources

Albert Jacquard
Construire une civilisation terrienne

Claude Julien
Culture : de la fascination au mépris

Bartha Maria Knoppers
Le génome humain : patrimoine commun de l'Humanité ?

Thomas De Koninck
La crise de l'éducation

Henri Laborit
Les bases biologiques des comportements sociaux

Zaki Laïdi
La tyrannie de l'urgence

Yvan Lamonde
Trajectoires de l'histoire du Québec

Monique LaRue
L'arpenteur et le navigateur*

Jean-François Malherbe
L'incertitude en éthique*
Perspectives cliniques

Benoît Melançon
Sevigne@Internet*
Remarques sur le courrier électronique et la lettre

Robert Melançon
Qu'est-ce qu'un classique québécois?*

Florence Montreynaud
Le féminisme n'a jamais tué personne

Hubert Nyssen
Éloge de la lecture *suivi de* Lecture d'Albert Cohen*

André Patry
Considérations sur le langage*

Lise Payette
Le chemin de l'égalité

Riccardo Petrella
Écueils de la mondialisation
Urgence d'un nouveau contrat social

L'éducation, victime de cinq pièges*
À propos de la société de la connaissance

Pour un pacte de l'eau
Le manifeste de l'eau pour le XXIe siècle

Ilya Prigogine
Temps à devenir
À propos de l'histoire du temps

Ignacio Ramonet
Nouveaux pouvoirs, nouveaux maîtres du monde
Un monde sans cap

Joël de Rosnay

L'écologie et la vulgarisation scientifique
De l'égocitoyen à l'écocitoyen

Jean-Louis Roy

Le monde en 2020*
Pour une culture de la délibération

John Saul

Le citoyen dans un cul-de-sac ?
Anatomie d'une société en crise

Philippe Séguin

La mondialisation sonne-t-elle le glas du politique ?*

Revisiter Montcalm

Michel Serres

Les messages à distance

Ce livre a été imprimé au Québec en septembre 2008
sur du papier entièrement recyclé
sur les presses de Marquis imprimeur.